No.	Fecha	Descripción	Cuenta	(Débito)	(Crédito)	Total

No.	Fecha	Descripción	Cuenta	Pago (Débito)	Depositar (Crédito)	Total

No.	Fecha	Descripción	Cuenta	Pago (Débito)	Depositar (Crédito)	Total

No.	Fecha	Descripción	Cuenta	Pago (Débito)	Depositar (Crédito)	Total

No.	Fecha	Descripción	Cuenta	Pago (Débito)	Depositar (Crédito)	Total

No.	Fecha	Descripción	Cuenta	Pago (Débito)	Depositar (Crédito)	Total

No.	Fecha	Descripción	Cuenta	Pago (Débito)	Depositar (Crédito)	Total

No.	Fecha	Descripción	Cuenta	Pago (Débito)	Depositar (Crédito)	Total

No.	Fecha	Descripción	Cuenta	Pago (Débito)	Depositar (Crédito)	Total

No.	Fecha	Descripción	Cuenta	Pago (Débito)	Depositar (Crédito)	Total

No.	Fecha	Descripción	Cuenta	Pago (Débito)	Depositar (Crédito)	Total

No.	Fecha	Descripción	Cuenta	Pago (Débito)	Depositar (Crédito)	Total

No.	Fecha	Descripción	Cuenta	Pago (Débito)	Depositar (Crédito)	Total

No.	Fecha	Descripción	Cuenta	Pago (Débito)	Depositar (Crédito)	Total

No.	Fecha	Descripción	Cuenta	Pago (Débito)	Depositar (Crédito)	Total

No.	Fecha	Descripción	Cuenta	Pago (Débito)	Depositar (Crédito)	Total

No.	Fecha	Descripción	Cuenta	Pago (Débito)	Depositar (Crédito)	Total

No.	Fecha	Descripción	Cuenta	Pago (Débito)	Depositar (Crédito)	Total

No.	Fecha	Descripción	Cuenta	Pago (Débito)	Depositar (Crédito)	Total

No.	Fecha	Descripción	Cuenta	Pago (Débito)	Depositar (Crédito)	Total

No.	Fecha	Descripción	Cuenta	Pago (Débito)	Depositar (Crédito)	Total

No.	Fecha	Descripción	Cuenta	Pago (Débito)	Depositar (Crédito)	Total

No.	Fecha	Descripción	Cuenta	Pago (Débito)	Depositar (Crédito)	Total

No.	Fecha	Descripción	Cuenta	Pago (Débito)	Depositar (Crédito)	Total

No.	Fecha	Descripción	Cuenta	Pago (Débito)	Depositar (Crédito)	Total

No.	Fecha	Descripción	Cuenta	Pago (Débito)	Depositar (Crédito)	Total

No.	Fecha	Descripción	Cuenta	Pago (Débito)	Depositar (Crédito)	Total

No.	Fecha	Descripción	Cuenta	Pago (Débito)	Depositar (Crédito)	Total

No.	Fecha	Descripción	Cuenta	Pago (Débito)	Depositar (Crédito)	Total

No.	Fecha	Descripción	Cuenta	Pago (Débito)	Depositar (Crédito)	Total

No.	Fecha	Descripción	Cuenta	Pago (Débito)	Depositar (Crédito)	Total

No.	Fecha	Descripción	Cuenta	Pago (Débito)	Depositar (Crédito)	Total

No.	Fecha	Descripción	Cuenta	Pago (Débito)	Depositar (Crédito)	Total

No.	Fecha	Descripción	Cuenta	Pago (Débito)	Depositar (Crédito)	Total

No.	Fecha	Descripción	Cuenta	Pago (Débito)	Depositar (Crédito)	Total

No.	Fecha	Descripción	Cuenta	Pago (Débito)	Depositar (Crédito)	Total

No.	Fecha	Descripción	Cuenta	Pago (Débito)	Depositar (Crédito)	Total

No.	Fecha	Descripción	Cuenta	Pago (Débito)	Depositar (Crédito)	Total

No.	Fecha	Descripción	Cuenta	Pago (Débito)	Depositar (Crédito)	Total

No.	Fecha	Descripción	Cuenta	Pago (Débito)	Depositar (Crédito)	Total

No.	Fecha	Descripción	Cuenta	Pago (Débito)	Depositar (Crédito)	Total

No.	Fecha	Descripción	Cuenta	Pago (Débito)	Depositar (Crédito)	Total

No.	Fecha	Descripción	Cuenta	Pago (Débito)	Depositar (Crédito)	Total

No.	Fecha	Descripción	Cuenta	Pago (Débito)	Depositar (Crédito)	Total

No.	Fecha	Descripción	Cuenta	Pago (Débito)	Depositar (Crédito)	Total

No.	Fecha	Descripción	Cuenta	Pago (Débito)	Depositar (Crédito)	Total

No.	Fecha	Descripción	Cuenta	Pago (Débito)	Depositar (Crédito)	Total

No.	Fecha	Descripción	Cuenta	Pago (Débito)	Depositar (Crédito)	Total

No.	Fecha	Descripción	Cuenta	Pago (Débito)	Depositar (Crédito)	Total

No.	Fecha	Descripción	Cuenta	Pago (Débito)	Depositar (Crédito)	Total

No.	Fecha	Descripción	Cuenta	Pago (Débito)	Depositar (Crédito)	Total

No.	Fecha	Descripción	Cuenta	Pago (Débito)	Depositar (Crédito)	Total

No.	Fecha	Descripción	Cuenta	Pago (Débito)	Depositar (Crédito)	Total

No.	Fecha	Descripción	Cuenta	Pago (Débito)	Depositar (Crédito)	Total

No.	Fecha	Descripción	Cuenta	Pago (Débito)	Depositar (Crédito)	Total

No.	Fecha	Descripción	Cuenta	Pago (Débito)	Depositar (Crédito)	Total

No.	Fecha	Descripción	Cuenta	Pago (Débito)	Depositar (Crédito)	Total

No.	Fecha	Descripción	Cuenta	Pago (Débito)	Depositar (Crédito)	Total

No.	Fecha	Descripción	Cuenta	Pago (Débito)	Depositar (Crédito)	Total

No.	Fecha	Descripción	Cuenta	Pago (Débito)	Depositar (Crédito)	Total

No.	Fecha	Descripción	Cuenta	Pago (Débito)	Depositar (Crédito)	Total

No.	Fecha	Descripción	Cuenta	Pago (Débito)	Depositar (Crédito)	Total

No.	Fecha	Descripción	Cuenta	Pago (Débito)	Depositar (Crédito)	Total

No.	Fecha	Descripción	Cuenta	Pago (Débito)	Depositar (Crédito)	Total

No.	Fecha	Descripción	Cuenta	Pago (Débito)	Depositar (Crédito)	Total

No.	Fecha	Descripción	Cuenta	Pago (Débito)	Depositar (Crédito)	Total

No.	Fecha	Descripción	Cuenta	Pago (Débito)	Depositar (Crédito)	Total

No.	Fecha	Descripción	Cuenta	Pago (Débito)	Depositar (Crédito)	Total

No.	Fecha	Descripción	Cuenta	Pago (Débito)	Depositar (Crédito)	Total

No.	Fecha	Descripción	Cuenta	Pago (Débito)	Depositar (Crédito)	Total

No.	Fecha	Descripción	Cuenta	Pago (Débito)	Depositar (Crédito)	Total

No.	Fecha	Descripción	Cuenta	Pago (Débito)	Depositar (Crédito)	Total

No.	Fecha	Descripción	Cuenta	Pago (Débito)	Depositar (Crédito)	Total

No.	Fecha	Descripción	Cuenta	Pago (Débito)	Depositar (Crédito)	Total

No.	Fecha	Descripción	Cuenta	Pago (Débito)	Depositar (Crédito)	Total

No.	Fecha	Descripción	Cuenta	Pago (Débito)	Depositar (Crédito)	Total

No.	Fecha	Descripción	Cuenta	Pago (Débito)	Depositar (Crédito)	Total

No.	Fecha	Descripción	Cuenta	Pago (Débito)	Depositar (Crédito)	Total

No.	Fecha	Descripción	Cuenta	Pago (Débito)	Depositar (Crédito)	Total

No.	Fecha	Descripción	Cuenta	Pago (Débito)	Depositar (Crédito)	Total

No.	Fecha	Descripción	Cuenta	Pago (Débito)	Depositar (Crédito)	Total

No.	Fecha	Descripción	Cuenta	Pago (Débito)	Depositar (Crédito)	Total

No.	Fecha	Descripción	Cuenta	Pago (Débito)	Depositar (Crédito)	Total

No.	Fecha	Descripción	Cuenta	Pago (Débito)	Depositar (Crédito)	Total

No.	Fecha	Descripción	Cuenta	Pago (Débito)	Depositar (Crédito)	Total

No.	Fecha	Descripción	Cuenta	Pago (Débito)	Depositar (Crédito)	Total

No.	Fecha	Descripción	Cuenta	Pago (Débito)	Depositar (Crédito)	Total

No.	Fecha	Descripción	Cuenta	Pago (Débito)	Depositar (Crédito)	Total

No.	Fecha	Descripción	Cuenta	Pago (Débito)	Depositar (Crédito)	Total

No.	Fecha	Descripción	Cuenta	Pago (Débito)	Depositar (Crédito)	Total

No.	Fecha	Descripción	Cuenta	Pago (Débito)	Depositar (Crédito)	Total

No.	Fecha	Descripción	Cuenta	Pago (Débito)	Depositar (Crédito)	Total

No.	Fecha	Descripción	Cuenta	Pago (Débito)	Depositar (Crédito)	Total

No.	Fecha	Descripción	Cuenta	Pago (Débito)	Depositar (Crédito)	Total

No.	Fecha	Descripción	Cuenta	Pago (Débito)	Depositar (Crédito)	Total

No.	Fecha	Descripción	Cuenta	Pago (Débito)	Depositar (Crédito)	Total

No.	Fecha	Descripción	Cuenta	Pago (Débito)	Depositar (Crédito)	Total

No.	Fecha	Descripción	Cuenta	Pago (Débito)	Depositar (Crédito)	Total

No.	Fecha	Descripción	Cuenta	Pago (Débito)	Depositar (Crédito)	Total

No.	Fecha	Descripción	Cuenta	Pago (Débito)	Depositar (Crédito)	Total

No.	Fecha	Descripción	Cuenta	Pago (Débito)	Depositar (Crédito)	Total

No.	Fecha	Descripción	Cuenta	Pago (Débito)	Depositar (Crédito)	Total

No.	Fecha	Descripción	Cuenta	Pago (Débito)	Depositar (Crédito)	Total

No.	Fecha	Descripción	Cuenta	Pago (Débito)	Depositar (Crédito)	Total

No.	Fecha	Descripción	Cuenta	Pago (Débito)	Depositar (Crédito)	Total

No.	Fecha	Descripción	Cuenta	Pago (Débito)	Depositar (Crédito)	Total

No.	Fecha	Descripción	Cuenta	Pago (Débito)	Depositar (Crédito)	Total

No.	Fecha	Descripción	Cuenta	Pago (Débito)	Depositar (Crédito)	Total

No.	Fecha	Descripción	Cuenta	Pago (Débito)	Depositar (Crédito)	Total

No.	Fecha	Descripción	Cuenta	Pago (Débito)	Depositar (Crédito)	Total

No.	Fecha	Descripción	Cuenta	Pago (Débito)	Depositar (Crédito)	Total

No.	Fecha	Descripción	Cuenta	Pago (Débito)	Depositar (Crédito)	Total

No.	Fecha	Descripción	Cuenta	Pago (Débito)	Depositar (Crédito)	Total

No.	Fecha	Descripción	Cuenta	Pago (Débito)	Depositar (Crédito)	Total

No.	Fecha	Descripción	Cuenta	Pago (Débito)	Depositar (Crédito)	Total

No.	Fecha	Descripción	Cuenta	Pago (Débito)	Depositar (Crédito)	Total

No.	Fecha	Descripción	Cuenta	Pago (Débito)	Depositar (Crédito)	Total

No.	Fecha	Descripción	Cuenta	Pago (Débito)	Depositar (Crédito)	Total

No.	Fecha	Descripción	Cuenta	Pago (Débito)	Depositar (Crédito)	Total

No.	Fecha	Descripción	Cuenta	Pago (Débito)	Depositar (Crédito)	Total